글 질란 호프만

대학에서 공학을 공부했습니다. 아마존 열대 우림을 여행하며 신발 밑창에 여섯 대륙의 흙먼지를 수집하는 것도 모자라 스스로 다시 흙으로 돌아가기 전에, 아프리카 사헬 지역에서 불어오는 흙먼지를 연구해야겠다고 마음먹었습니다. 자연계에 대한 호기심과 경이로움을 불러일으키는 글을 쓰는 데 열중하고 있습니다. 인스타그램 @jilanne2694

그림 유지니아 멜로

대학에서 그래픽 디자인을 공부했습니다. 현재 일러스트레이터이자 그래픽 디자이너로 활동하고 있습니다. 『나는 지구를 살리는 흙먼지야』는 우리나라에 처음으로 소개되는 그림책입니다. 인스타그램 @eumiel

옮김 김숲

대학과 대학원에서 화학을 공부했습니다. 대학원 재학 중 한국과학기술연구원(KIST)에서 나노 입자를 연구했습니다. 여름을 알려 주는 파랑새와 꾀꼬리를 기다리며 들을 지나고 내를 건너 숲으로 탐조를 갑니다. 우리를 둘러싼 환경에 관심이 많습니다. 그동안 옮긴 책으로는 『위대한 관찰』『불완전한 존재들』『블랙버드의 노래』『약국 안의 세계사』『흙, 생명을 담다』등이 있습니다.

- 사랑과 지지의 원천인 내 소중한 렘과 리암에게 감사한 마음을 전합니다. _ 질란 호프만
- 우리를 둘러싼 세계를 이루는 세세한 작은 퍼즐을 알아차리고 소중히 여기는 모든 사람들에게 바칩니다. 자세히 들여다보면 우리는 모두 하나랍니다. _ 유지니아 멜로

- 이 책의 정확성을 검토하는 데 도움을 주신, 더글러스 G. 카포네 박사(서던캘리포니아대학교 생물과학부 석좌교수)와 조셉 M. 프로스페로 박사(마이애미 로젠스티엘 대학 대기과학부 명예교수)에게 감사드립니다.

꼬마뭉치 환경 그림책 3

나는 지구를 살리는 흙먼지야!

1판 1쇄 발행 2025년 6월 25일
글 질란 호프만 그림 유지니아 멜로 옮김 김숲
펴낸이 이경민 **펴낸곳** ㈜동아엠앤비 **편집** 허현정 **디자인** 이재호
출판등록 2014년 3월 28일(제25100-2014-000025호)
주소 (03972) 서울특별시 마포구 월드컵북로22길 21 2층
전화 (편집) 02-392-6901 (마케팅) 02-392-6900
팩스 02-392-6902 **전자우편** damnb0401@naver.com SNS
홈페이지 www.moongchibooks.com
ISBN 979-11-6363-954-1 (77800) 979-11-6363-668-7 (세트)

※ 책 가격은 뒤표지에 있습니다.
※ 잘못된 책은 구입한 곳에서 바꿔 드립니다.
※ 책 모서리가 날카로워 다칠 수 있으니 사람을 향해 던지거나 바닥에 떨어뜨리지 마십시오.

A River of Dust

First published in English by Chronicle Books LLC, San Francisco, California, US
Text copyright © 2023 by Jilanne Hoffmann
illustrations copyright © 2023 by Eugenia Mello
All rights reserved.
Korean translation copyright © 2025 by DONGA M&B Co., Ltd
This edition is published by arrangement with Chronicle Books LLC through KidsMind Agency, Korea.

이 책의 한국어판 저작권은 키즈마인드 에이전시를 통해 Chronicle Books LLC와 독점 계약한 ㈜동아엠앤비에 있습니다.
저작권법에 의해 한국 내에서 보호를 받는 저작물이므로 무단 전재와 복제를 금합니다.

흙먼지는 지구 생태계에
어떤 영향을 미칠까요?

나는 지구를 살리는 흙먼지야!

질란 호프만 글 | 유지니아 멜로 그림 | 김숲 옮김

아득한 옛날, 그러니까 수억 년 전쯤,
우리 사이에 바다가 없던 시절에
우리는 하나였어.

그러던 어느 날,
천천히, 아주 천천히,
엄청난 힘이 우리를 찢어 놓았지.

그렇게 일곱 개의 대륙과

광활한 바다가 만들어졌어.

그럼에도 난 너에게 닿아,   네가 오래도록,

풍요롭게 살아갈 방법을 찾아냈지.

내가 누구냐고? 난 북아프리카의 흙먼지야.

그렇지만 아무 데서나 볼 수 있는 그저 그런 흙먼지는 아니야.

난 눈에 들어간 티끌보다
손끝에 묻은 얼룩보다
하수구를 타고 내려가는 오염물보다 더 중요하지.

나는 대륙을 이어 주거든.

나는 저 멀리 사헬에서 왔어.
북쪽으로는 사하라 사막에서부터
남쪽으로는 열대 사바나까지
길고 가느다란 땅,
사헬 말이야.

사헬은 동쪽으로는 홍해부터
서쪽으로는 대서양까지 펼쳐져 있어.

하마탄*이 사하라 사막을 가로질러 불 때쯤이면
나는 서쪽으로 여행 갈 준비를 해.
여행에 무얼 챙겨 가냐고?

* 사하라 사막에서 형성되는 차갑고 건조한 바람.

지구에 살아가는 모든 생명체가 필요로 하는   소중한 걸 가져가지.

물, 나무,

그리고 사람을 포함한

동물까지 말이야.

나는 무섭게 휘몰아치는
흙먼지 구름이 되어 하늘 높이 솟구쳐 날아올랐어.
아까시나무와 키가 작고 비쩍 마른 데다 보잘것없는
대청가시풀 덤불 위를 훌쩍 지났지.

나는 드넓은 초원과

동글동글한 바오바브나무 사이로 휘몰아쳤어.

나는 뜨거운 해를 가리고 창문과 문틈 사이를 비집고 들어가기도 했지. 눈이나 입.

귀를 쫑긋이야.

나는 팔꿈치처럼 구불구불 굽은 강
위로도 날았어.

그러다가 나무와 수풀이 가득한
오아시스를 따라갔지.

어떤 때는
돌과 모래로 이루어진 사막을 가로지르기도 했지.
그런데 공기가 건조한지 나무껍질이 쩍쩍 갈라졌어.

나는 손바닥만큼이나 납작한 바위 위로 솟구치기도 하고,

손가락처럼 굽이굽이 흐르는

넓은 강물 위를 날기도 했지.

강 주변의 땅은 진한 에메랄드빛이었어.

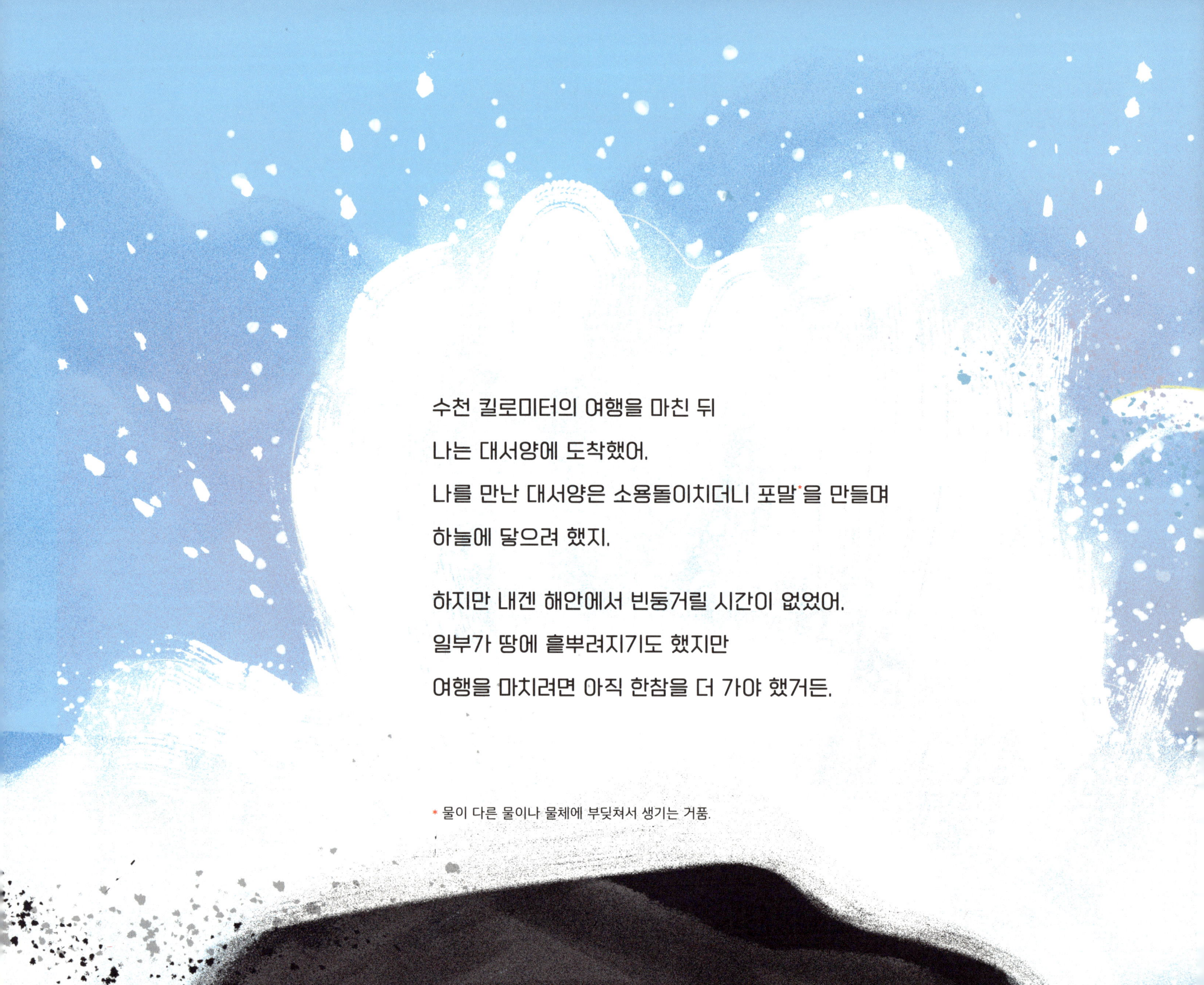

수천 킬로미터의 여행을 마친 뒤
나는 대서양에 도착했어.
나를 만난 대서양은 소용돌이치더니 포말*을 만들며
하늘에 닿으려 했지.

하지만 내겐 해안에서 빈둥거릴 시간이 없었어.
일부가 땅에 흩뿌려지기도 했지만
여행을 마치려면 아직 한참을 더 가야 했거든.

* 물이 다른 물이나 물체에 부딪쳐서 생기는 거품.

대륙의 연결 고리가 되기 위해서는 말이지.

난 대서양도 가로질렀어.

거세게 요동치는 파도를 만나

많은 부분을 잃어버렸지만 말이야.

난 돌고래의 눈과

고래의 입 안으로

흘러 들어가기도 했지.

그 과정에서 바닷물에 휩쓸리기도 하고

소금, 크릴, 해초와 뒤섞여 영원히

거대한 바다의 일부가 될 수도 있었지.

어쩌지? 나를 이루는
많은 부분이 사라졌어.

하지만 난 끝이 보이지 않는
이 여행을 계속하려고 해.

나는 훨훨 날고 또 날았지.
그 과정에서 나의 일부가 사라지며
나는 점점 옅어졌어.

그리고 마침내
너를 만났어.

구름과 장대비가
　해를 자주 가리는 곳.

아름다운 꽃과 다양한 열매가 열리는 곳이자
　무성히 우거진 풀과 나무로
　　둘러싸인 땅 말이지.

아프리카의 흙먼지인 나는
네 두터운 캐노피* 위와
나무가 뿌리내린 흙,
그러니까 아마존 열대 우림에 내려앉았어.

드디어 나의 긴 여행은 끝났어.

* 숲의 윗부분, 키 큰 나무들의 가지와 잎들이 서로 뒤엉켜 형성된 두터운 층.

너와 함께, 우리의 관계를 새로이 하면서 말이지.

나는 가져온 것을 모두 꺼내 놓았어.
그런데 알고 있니? 내가 가져온 이것들이 없다면,
빗물이 휩쓸고 가 황폐한 땅에서 자라날 나무에게
필요한 영양분을 줄 수 없다는 걸.

은하수를 이루는 별보다 많은
나무에 말이야.

💡 세상을 돌고 도는 흙먼지의 여행이 궁금해요!

흙먼지는 과학자들이 아마존의 무성한 열대 우림의 비밀을 푸는 데 어떤 도움을 주었을까요?

수십 년 동안 사람들은 아마존의 토양에 영양분이 풍부하다고 생각했어요. 왜냐하면 아마존 열대 우림에는 나무가 무성하게 자라고 있었기 때문이죠. 하지만 과학자들은 1950년대 초부터 이 믿음에 의문을 품기 시작했어요. 그리고 여러 실험을 통해 아마존의 토양이 실제로는 매우 척박하다는 사실을 밝혀냈어요. 이후 다양한 연구를 통해 죽은 식물에서 나온 미네랄과 영양분이 식물의 뿌리에 빠르게 흡수되거나, 자주 내리는 비에 씻겨 내려간다는 사실도 알게 되었어요. 그렇다면 이런 미네랄은 어디에서 온 것일까요?

그 답은 아프리카 대륙에서 찾을 수 있어요. 1966년, 조셉 프로스페로라는 과학자가 카리브해에 있는 섬, 바베이도스에서 대기 중에 떠다니는 흙먼지를 측정하기 시작했어요. 프로스페로는 대서양을 가로질러 이동하는 흙먼지의 존재를 가장 먼저 알아차렸지만, 얼마나 많은 양의 흙먼지가 이 긴 여행에 참여하는지는 몰랐어요.

오늘날 과학자들은 공기의 흐름과 대기 중에 떠다니는 흙먼지의 양을 추적할 수 있어요. 나사(NASA)의 인공위성 지도를 통해 차드에 있는 고대 호수 바닥인 보델레 함몰지에서 수백만 톤의 흙먼지가 날아가는 모습을 확인할 수 있거든요. 이 함몰지는 사하라 사막 남쪽 가장자리에 위치한 사헬 지역 안에 있어요. 함몰지의 흙먼지는 하마탄이 부는 겨울이 되면, 북동아프리카 서쪽에서 여행을 시작해 사하라 사막의 모래와 뒤섞이게 되죠. 그 후, 약 8,050킬로미터에 이르는 흙먼지의 흐름을 만들며 서아프리카와 대서양을 가로질러요. 이 중 대다수는 바다로 떨어지지만 그렇지 않은 나머지는 남아메리카까지 날아가요. 비록 그 양과 추정치는 해마다 조금씩 다르지만, 한 연구에 따르면 매년 사하라 사막에서 날아가는 흙먼지는 평균 1억 6,500만 톤, 그러니까 18륜 트럭 70만 대에 실을 수 있는 양과 비슷하대요. 이 중 약 15퍼센트가 아마존 유역에 도착하죠. 그리고 여름이 되면, 이 흙먼지는 북쪽으로 방향을 틀어 카리브해와 북아메리카에 도착해요.

흙먼지는 아마존 열대 우림에 다양한 미네랄을 가져다주었어요. 여기에는 식물이 광합성을 하고 씨앗을 만드는 데 꼭 필요한 인과 철도 있답니다. 그중에서도 인은 매우 중요해요. 인이 부족하면 식물이 제대로 자랄 수 없거든요. 하지만 아마존 유역에는 인과 철이 모두 부족하고, 특히 인은 거의 고갈된 상태예요. 이런 상황에서 흙먼지의 흐름은 매우 중요한 역

흙먼지는 하마탄을 타고 사헬 지역에서 여행을 시작합니다.

할을 해요. 매년 2만 1,950톤의 인이 사하라 사막에서 날아와 아마존 유역에 도착하거든요. 과학자들은 이 인의 양이, 수시로 내리는 비로 토양에서 빠져나갔을 거로 추정되는 인의 양과 비슷하다고 말해요. 여기서 더 놀라운 점은, 과학자들은 하늘에서 떨어지는 인과 철이 대부분 절대 땅에 닿지 않는다는 사실을 알게 되었다는 거예요. 그 대신 아마존 열대 우림에 사는 식물들의 잎에 흡수된다는 걸 알아낸 거죠. 비유하자면 여러분이 매일 같이 먹는 비타민과 미네랄이 여러분의 피부로 바로 흡수되는 것과 같은 거예요. 상상이 되나요?

1950년대 이후로 여러 연구가 진행되고 있어요. 하지만 아프리카의 흙먼지가 아마존 열대 우림에 어떤 영향을 미치는지를 이해하기 위해서는 훨씬 더 많은 연구가 필요해요. 기후 변화가 우리 지구 생태계에 어떤 영향을 미치고 있는지와 함께 말이죠.

사헬 지역에서 출발한 흙먼지는 대서양 생태계에 어떤 영향을 미치나요?

북아프리카에서 출발한 흙먼지의 약 85퍼센트는 대서양 곳곳에 떨어져요. 예를 들어 해안에서 먼 깊은 바닷속에 부족한 인과 철을 가져다주죠. 깊은 바닷속은 철이 조금 더 부족하거든요. 최근에 한 과학자는 910리터의 바닷물 속에 들어 있는 철의 양이 속눈썹 하나만큼밖에 되지 않는다는 사실을 계산해 냈답니다.

그런데 이렇게 적은 양의 철로도 바다에 큰 변화를 일으킬 수 있어요. 왜냐하면 바다에 철이 없으면 식물성 플랑크톤(미세조류라고도 불러요)이 광합성을 할 수 없기 때문이죠. 그러면 바다에 사는 다른 생물들도 살 수 없을 테니까요.

과학자들은 식물성 플랑크톤 성장에 따라 전 세계 바다 3분의 1에 녹아 있는 철분량이 달라질 수 있다고 생각해요. 북대서양 지표수의 철 농도는 북태평양보다 약 다섯 배 높으며, 이는 주로 북아프리카에서 날아온 흙먼지 때문이에요. 철 농도가 높으면 식물성 플랑크톤이 더 잘 자라고, 그 결과 북대서양의 더 많은 바다 생물이 풍부한 먹이를 먹을 수 있어요. 이 강력한 증거는 흙먼지가 해안가 바다의 먹이사슬은 물론 사람을 포함한 바다에서 먹이를 얻는 수많은 생명체에게 중요한 영양분을 제공한다는 이론을 뒷받침하죠.

식물성 플랑크톤은 광합성을 하면서 온실가스인 이산화탄소를 흡수해 기후가 변하는 속도를 늦추는 역할을 해요. 또한, 식물성 플랑크톤은 산소를 만들기도 하죠. 사실 매년 지구에서 생산되는 산소의 절반 정도는 이 식물성 플랑크톤이 만들어 낸답니다. 더

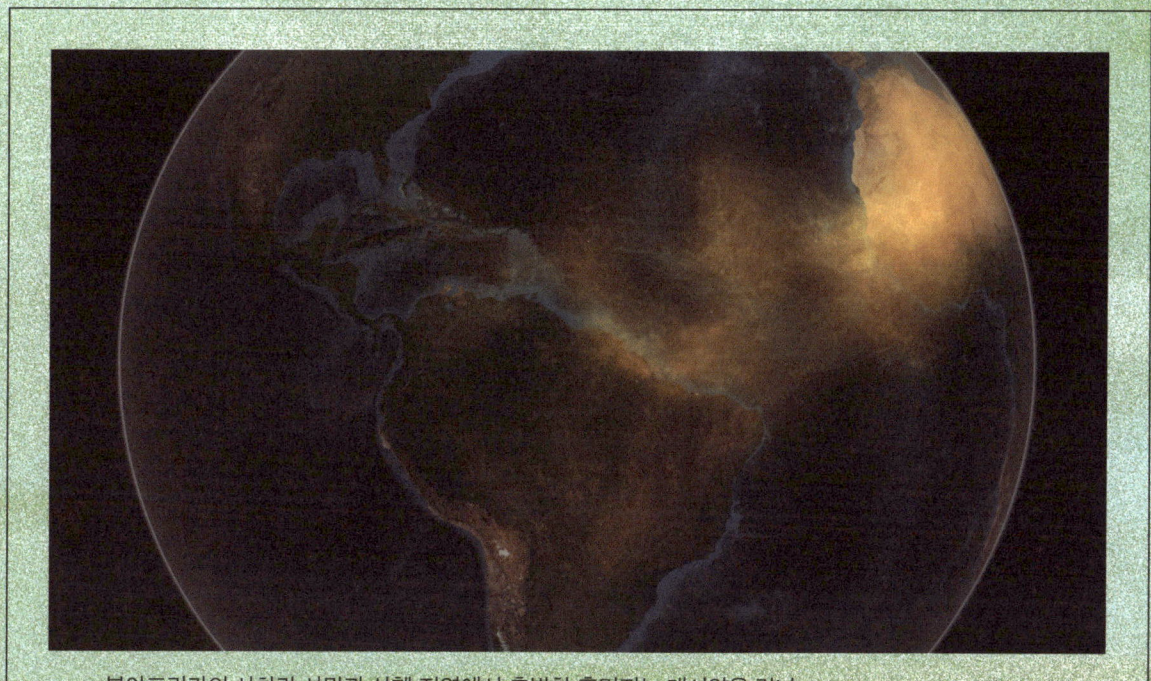

북아프리카의 사하라 사막과 사헬 지역에서 출발한 흙먼지는 대서양을 건너 남아메리카의 아마존 열대 우림에 도착해요.

다른 놀라운 사실은, 한 종의 식물성 플랑크톤이 지구상의 모든 열대 우림을 합한 것보다 훨씬 더 많은 양의 산소를 만들어 낸다는 거예요. 앞에서도 말했듯이, 흙먼지가 운반하는 양영분의 양은 매우 적어요. 하지만 흙먼지 덕분에 자그마한 식물성 플랑크톤 수조 마리가 도움을 받고 있어요. 이 사실을 떠올릴 때면 감탄할 수밖에 없어요.

나사는 대기 중 흙먼지의 흐름을 어떻게 측정할 수 있을까?

2002년, 나사는 우주에서 지구를 연구하기 위해 일련의 인공위성을 우주로 쏘아 올렸어요. 나사는 이 위성들이 지구 궤도를 돌며 촬영한 데이터를 수집했죠. 예를 들어 다양한 형태의 물, 대기 중 입자, 식생, 기온, 대기질과 오존, 구름의 형태, 바람의 속도, 이산화탄소 농도, 바닷속 식물성 플랑크톤의 성장 같은 정보를 말이에요. 이렇게 인공위성으로 얻은 정보는 수천 편의 논문을 쓰는 데 사용됐죠.

시간당 2만 4,140킬로미터 이상의 속도로 줄지어 날아다니던 이 인공위성들을 처음에는 에이트레인(A-Train)이라는 이름으로 불렀어요. 첫 번째부터 마지막까지 모든 인공위성의 이름이 A로 시작했기 때문이죠. 이후에는 이 인공위성을 애프터눈 콘스텔레이션(Afternoon Constellation)이라고 불렀어요. 이 인공위성들은 극지방을 오가면서 지구를 빙빙 돌았고, 매일 현지 시각으로 오후 1시 30분경 적도를 지나갔기 때문에 그런 이름이 붙었죠. 그중 두 대의 인공위성(칼립소[프랑스 정부의 우주 기관인 CNES와 합동 임무를 수행해요]와 클라우드샛)은 과학자들이 흙먼지의 흐름을 정확하게 측정할 수 있도록 도왔어요. 인공위성에 달린 전파 탐지기와 광선 레이더가 3차원 이미지를 만들어 주었거든요. 2018년, 나사는 칼립소와 클라우드샛을 더 낮은 궤도로 이동시키고, 이 둘에 씨트레인(C-Train)이라는 이름을 붙여 줬어요. 다른 인공위성들과 마찬가지로, 작동을 멈추고 나면 한때 있었던 대기권으로 다시 돌아와 불타 없어질 테지만요. 오늘날 과학의 발전과 함께 과학자와 공학자 들은 데이터 수집을 위한 도구와 기술을 꾸준히 발전시켜 왔어요. 여기서 설명하는 인공위성은 주로 21세기에 사용되는 것들이에요. 새로운 인공위성은 더 오래된 것, 혹은 제대로 작동하지 않는 것을 대체하기 위해서요. 이는 우리가 살아가는 세상을 더 잘 이해하고, 우리가 '집'이라고 부르는 지구를 보호하고 보존하는 데 최선을 다할 수 있도록, 새로운 형태의 모니터링과 데이터 수집을 위해서 말이에요.

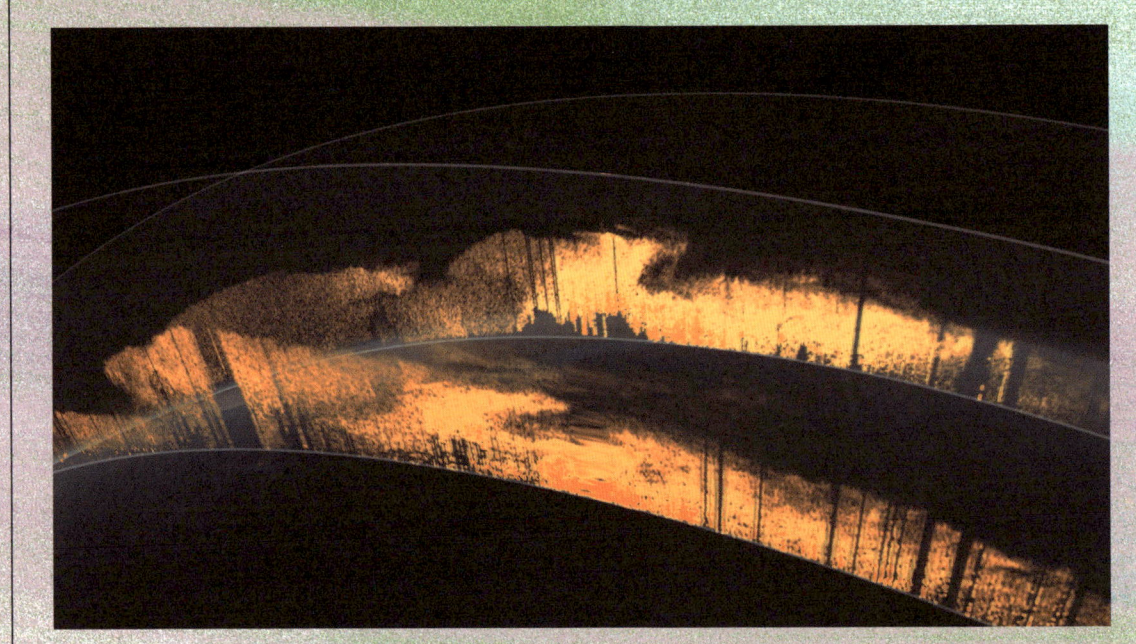

칼립소의 레이더에서 방출한 빛의 파장이 대기 중의 입자에 부딪혀 반사되면 인공위성으로 돌아오는데, 이때 반사된 빛을 분석해 흙먼지의 농도를 알 수 있어요.

TIP 인공위성의 지구 관측

인공위성은 지구 궤도를 돌며 촬영한 데이터를 보내와요. 이때 관측한 사진과 자료는 우리가 땅에 심은 작물이 잘 자라는지, 대기 환경이 어떻게 변화하는지, 아마존 열대 우림은 얼마나 파괴되었는지, 남극의 빙하가 얼마나 녹아 없어졌는지 등을 알려 주지요.

나사의 지구 탐사 인공위성은 무엇을 측정할까요?

아우라: 대기의 화학적 반응
클라우드샛: 구름
칼립소: 대기 중에 퍼져 있는 입자
아쿠아: 플랑크톤을 포함한 수중 생태계
시주쿠: 해풍을 포함한 물 순환 시스템
궤도탄소관측위성 2호: 대기 중 이산화탄소

과학자들은 복잡한 지구 생태계를 이해하기 위해 어떤 시도를 하나요?

우리는 매일매일 지구의 생태계가 얼마나 복잡하게 연결되어 있는지 이해하려 노력하고 있어요. 하지만 정보가 많아질수록 궁금한 점도 훨씬 더 많아지죠. 요동치는 해수 온도와 해류, 강수량, 바람의 흐름 같은 수많은 변수들이 기후 변화를 일으키는 온실가스가 흙먼지를 더 많이 또는 덜 발생시키는지, 결론적으로 그 흙먼지의 최종 도착 지점이 어디인지를 예측하기 어렵게 만들어요. 지난 몇 년간, 대서양을 가로지르는 흙먼지의 양에 대한 예측 값은 과학자마다 크게 달랐어요. 이는 흙먼지의 양을 정확히 측정하는 일이 얼마나 어려운지 보여 주는 부분이죠. 새로운 연구 몇 개를 통해 남아프리카에서 풀과 나무를 태우면서 발생하는 입자가 대서양을 건너 아마존 열대 우림에 인을 공급하는 역할을 한다는 것도 알게 되었어요. 하지만 이게 다가 아니에요. 선주민들은 유럽인들이 이곳을 식민지로 만들기 훨씬 전부터 아마존의 토양 건강에 적극적으로 관여했어요. 또한 안데스산맥의 침식과 같은 자연적인 과정도 영양분을 공급해 줬어요. 하지만 얼마나 바뀌었을까요? 그리고 어디가 바뀌었을까요? 여기에는 정말 많은 변수가 있어요. 궁금한 점도 정말 많죠. 얼마나 많은 인이 인간의 활동과 관련이 있을까요? 사헬 지역에서 날아오는 흙먼지의 양은 얼마나 될까요? 그리고 초목이 불타면서 발생하는 입자는 어느 정도 일까요? 흙먼지의 양이 왜 일정하지 않은 걸까요? 비와 바람의 흐름은 흙먼지 분포에 어떤 영향을 미쳤을까요? 기후 변화는 이러한 다양한 변수에 어떻게 작용할까요? 오늘날 과학자들은 이를 비롯한 다양한 질문에 답을 얻기 위해 열심히 연구하는 중이에요.

과학자들은 한 시스템 안에서의 변화가 다른 시스템

에 어떤 영향을 미칠지 예측하기 위해 방대한 양의 데이터를 처리하는 컴퓨터 모델을 사용해요.
어떤 모델은 사헬 지역이 미래에 더 건조해질 것으로 예측하는 반면, 다른 모델은 반대로 더 습해질 것으로 예상해요. 만약 건조해진다는 예측이 맞다면, 흙먼지의 농도가 상승하면서 바다로 들어가는 햇빛을 차단해 해수 온도를 낮출 수 있어요. 그 결과 바다의 온도가 낮아지고 대서양에서 발생하는 허리케인 수가 줄어들게 되죠. 높은 농도의 흙먼지는 뜨겁고 건조한 바람을 타고 높이 떠오르는데, 이 바람은 허리케인으로 변할 수 있는 열대 공기 흐름을 방해하는 경향이 있어요. 하지만 만약 강우량이 더 늘어난다는 예측이 맞다면 흙먼지의 양이 줄어들 것이고, 이는 정반대의 효과를 가져올 거예요.

과학자들은 이런 불확실한 상황에서 어떻게 문제를 해결할까요? 두 손을 들고 포기할까요? 절대 아니에요! 과학자들은 더 정확한 예측을 위해 다양한 과학 분야 간에 정보를 공유하는 방법을 찾아냈어요. 해양학자, 해양생물학자, 엔지니어, 대기 과학자, 물리학자 등 수많은 전문가들이 전 세계 기후 변화에 온실가스가 미치는 영향을 이해하기 위해 힘을 합치고 있어요. 사헬 지역에서 출발한 흙먼지 입자처럼, 과학자들은 지구를 모든 생명체가 살기 좋은 곳으로 만들기 위해 함께 일하고 있어요.

남아메리카와 아프리카는 어떻게 멀어지게 됐을까요?

2억 년 전, 지구는 판게아라는 하나의 거대한 대륙으로 이루어져 있었어요. 판게아는 시간이 지나면서 천천히 쪼개져 일곱 개의 대륙으로 나뉘었어요. 우리는 이 사실을 어떻게 알 수 있을까요? 그 답은 암석에서 찾을 수 있어요.

첫 번째 증거는 1910년대 초에 나타났어요. 남아메리카, 아프리카, 인도, 남극, 오스트레일리아에서 비슷한 식물과 파충류의 화석이 발견됐거든요. 예를 들어 미국의 애팔래치아산맥에서 발견된 암석과 그린란드와 스코틀랜드에서 발견된 암석이, 종류와 나이가 같다는 사실도 있었죠. 또한 석탄 매장지와 고대 산호초 화석은 한때 열대 지역이었던 곳이지만 지금은 냉대 기후 지역인 곳에서 발견되기도 했어요. 하지만 이런 증거에도, 당시 과학자들은 대륙 이동설보다는 다른 가설이 더 가능성이 높다고 생각했답니다. 1950년대에 과학자들은 암석의 숨겨진 자성이 단서를 준다는 사실을 발견했어요. 퍼즐처럼 모든 대륙을 한데 맞춰 보면, 각 대륙에 있는 자성을 띠는 광물들이 같은 자북극(지구 자기장의 북극으로, 해마다 조금씩 위치가 바뀌어요)을 향해 정렬되어 있다는 것을 알

대륙을 붙였을 때의 화석 분포

- 키노그나투스
- 메소사우루스
- 리스트로사우루스
- 글로소프테리스

대륙을 이어 붙이면 오늘날 서로 떨어진 곳에서 발견된 화석 분포 지역이 연결된다는 사실을 알 수 있어요.

수 있었어요. 이것은 대륙이 실제로 움직였다는 강력한 증거예요!

이제 우리는 지구의 지각이 오랜 시간에 걸쳐 매우 천천히 움직이며 여러 대륙으로 나뉘어졌다는 사실을 알고 있어요. 지진, 융기, 지층의 엄청난 균열, 해저의 마그마 관입 같은 여러 지질학적 원인 때문이죠.

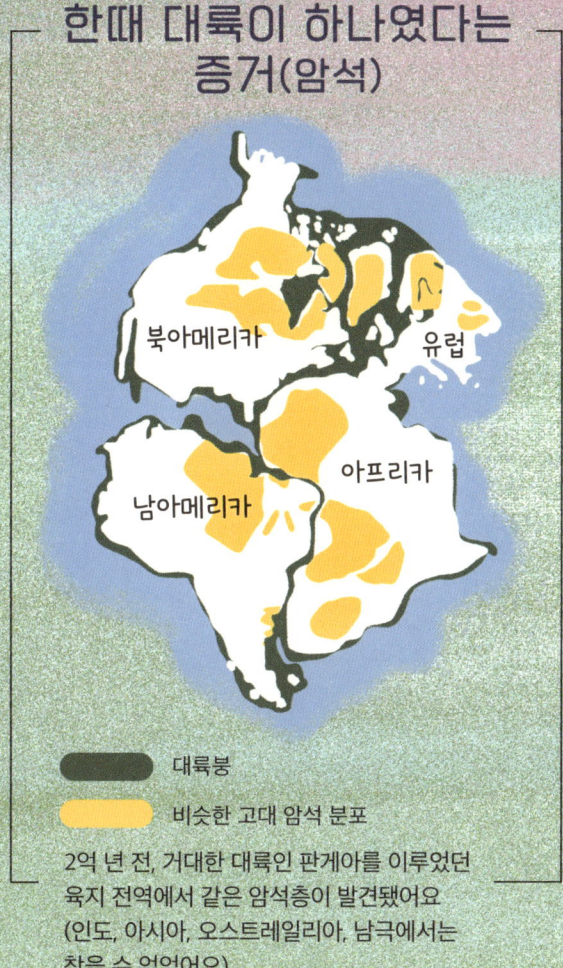

한때 대륙이 하나였다는 증거(암석)

- 대륙붕
- 비슷한 고대 암석 분포

2억 년 전, 거대한 대륙인 판게아를 이루었던 육지 전역에서 같은 암석층이 발견됐어요 (인도, 아시아, 오스트레일리아, 남극에서는 찾을 수 없었어요).

오늘날 북아메리카와 유럽 대륙은 해마다 약 2.5센티미터씩 서로 멀어지고 있어요. 그리고 아주 먼 미래에는, 아프리카와 남아메리카를 포함한 모든 대륙이 다시 하나의 거대한 땅덩어리로 합쳐질 수도 있어요. 물론 과학자들 사이에서도 대륙이 어떻게 다시 하나로 합쳐질지에 대해서는 여전히 의견이 갈리고 있지만, 다행히 그에 대해 토론할 시간은 충분해요. 왜냐하면 이 일이 벌어지려면 앞으로 약 2억 5천만 년은 더 걸릴테니까요.

작가의 말

저는 중학생 때 북아프리카에서 날아온 흙먼지가 대서양을 건너, 북아메리카와 남아메리카에 떨어진다는 사실을 알게 되었어요. 학교 수업이 아니라 텔레비전 저녁 뉴스를 통해서 말이지요. 그때 흙먼지가 그렇게 먼 거리를 이동할 수 있다는 사실이 정말 놀라웠어요. 그리고 머릿속에 수많은 질문이 뭉게뭉게 떠올랐죠. '텔레비전에 나온 흙먼지는 우리 농장의 흙먼지와 다른 걸까? 이 모든 여정을 마치는 흙먼지의 양은 얼마나 될까? 바다에 떨어지는 흙먼지의 양은 얼마나 될까?' 하고 말이지요. 하지만 뉴스에서는 제가 궁금해하는 것들에 대한 답을 주지 않았어요. 그러다 2015년, 나사에서 '흙먼지의 흐름'이라는 제목의 이메일이 도착했어요. 그때 저는 그 메일이 나사의 발견을 다른 사람들과 나누라는 신호라고 생각했어요. 2020년 여름, 흙먼지는 다시 한번 텔레비전 저녁 뉴스에 등장했어요. 사하라 사막과 남쪽 가장자리인 사헬 지역에서 솟아오른 흙먼지 기둥이 카리브해와 미국 남동부를 뒤덮었거든요.

이번에는 그 뉴스를 보고 약간 흥분됐어요, 이제 제가 알고 있는 정보가 훨씬 많아졌기 때문이죠. 저는 연구를 통해 북아프리카의 흙먼지의 성분이 무엇인지, 계절에 따라 어떻게 달라지는지, 날씨에 따라 어떤 영향을 받는지, 그리고 그것이 아마존과 심해에 어떤 영향을 미치는지 등을 알고 있었죠.

저는 지구상에서 매우 건조한 지역 중 하나인 곳(사헬 지역)에서 탄생한 이 작고 보잘것없어 보이는 흙먼지 입자가, 수천 킬로미터 떨어진 곳(아마존 열대 우림)에 필요한 영양분을 실어 나른다는 사실에 완전히 반했어요. 그리고 이렇게 작은 흙먼지가 지구에 엄청난 변화를 가져올 수 있다는 사실에 놀라울 뿐이었죠. 과학책은 그 책이 쓰일 당시 우리가 알고 있던 사실을 사진처럼 찍어 내는 것이에요. 하지만 과학은 멈추지 않아요. 최근에는 남아메리카에 도착한 흙먼지가 대부분 보델레 함몰지에서 서쪽으로 약 2,570킬로미터 떨어진 사하라 사막 남쪽에 위치한, 모리타니와 말리의 엘 주프 지역에서 발생한다는 연구가 발표됐어요. 과학은 이렇게 끊임없는 탐구와 연구를 통해 한 걸음씩 앞으로 나아갑니다. 이 연구 결과가 맞을지 틀릴지는 머지않은 미래에 알 수 있을 거예요.

질란 호프만